LOS COLLARES
en la santería cubana

LOS COLLARES
en la santería cubana

Lourdes S. Domínguez

EDITORIAL JOSÉ MARTÍ

Agradecemos a la Casa de África
de la Oficina del Historiador de la Ciudad,
por facilitarnos la posibilidad de fotografiar piezas
de la colección de Fernando Ortiz,
patrimonio de esa institución.

Edición: Elisa Pardo Zayas
Diseño: Enrique Mayol Amador
Fotografía de cubierta: Alberto Fernández-Calienes
Fotografías: Juan C. Herrera Lorenzo
Composición: Liuba Paramónova

Primera edición, 1999
Segunda edición, 2003
Primera reimpresión, 2007
Segunda reimpresión, 2009

Impreso en Colombia - Printed in Colombia
Impreso en: Nomos Impresores

ISBN 959-09-0233-2

INSTITUTO CUBANO DEL LIBRO
Editorial JOSÉ MARTÍ
Publicaciones en Lenguas Extranjeras
Calzada No. 259 e/ J e I, Vedado
Ciudad de La Habana, Cuba
E-mail: editjosemarti@ceniai.inf.cu

A la memoria de Trinidad Torregrosa, mi «padre»

AGRADECIMIENTOS

Para esta sencilla obra, que pretende ilustrar de forma puntual el uso de los collares en la santería cubana, hemos contado con la ayuda de amigos a quienes deseamos expresar nuestro reconocimiento.

En primera instancia a la profesora Natalia Bolívar Aróstegui, por su aliento para adentrarnos en este mundo, y a Michael Mason, por sus certeras sugerencias y lectura crítica. A los colegas Sebastián Robiou Lamarche y a su hija Claudia, así como a José Luis Díaz de Villegas, sin cuyo criterio no hubiera proseguido el trabajo.

Un recuerdo muy especial para Irmino Valdés, quien lamentablemente ya no está con nosotros. Asimismo, mi gratitud para Isabel Pérez, por su actividad introductoria; a Regla Álvarez, Rolando Álvarez Laza y Ernesto Valdés Jané, por sus acertadas sugerencias acerca del proyecto; y, en fin, a todos los que de una forma u otra han hecho valedero este esfuerzo.

INTRODUCCIÓN

La bibliografía existente sobre el tema de los collares no es abundante, estos son considerados un adminículo de poca importancia y sólo alcanzan un papel relevante dentro del proceso cultural donde aparecen. Generalmente se les considera de uso exclusivamente femenino. La variedad de estos es bastante notable y disímiles los materiales con que se pueden confeccionar.

¿De dónde provienen estos collares de santo, cuya proliferación en nuestros días es bien palpable? Hasta el momento no hay idea exacta de si los mismos fueron traídos de África directamente, o si se copió el empleo que los españoles hacían de las cuentas, o si al encontrarse con nuestros aborígenes, quienes también llevaban collares, se produjo una simbiosis tal que les permitió convertirse en parte de la moda, asociada al culto.

Uno de los intereses del presente libro es demostrar la interrelación de las culturas aborígenes y los cultos afrocubanos y esclarecer especialmente estos antecedentes a través del estudio de los collares en la santería o Regla de Osha.

Al iniciar la investigación, partimos de la hipótesis de que los collares usados en la Regla de Osha poseen un antecedente de confección común en las tres culturas (la aborigen, la europea y la africana) que han ayudado en la simbiosis conformadora de las religiones afroamericanas.

Pensamos, y así lo hemos concebido, que este texto constituya un primer acercamiento al estudio de los collares de santo, y que además de nutrir intentos posteriores, sea punto de partida para profundizar en otros elementos de la vida material que forman parte de la parafernalia del ritual de la santería.

Los collares que estudiaremos son ensartes de cuentas en vidrio brillante, translúcido o mate, que fluctúan en tamaño entre 2 o 3 mm de ancho y largo, redondeadas y con 1 mm de diámetro. Sus colores abarcan una extensa gama. En lengua yorubá reciben el nombre de *elekes* o *iñales,* y son parte muy especial del rito de la santería o Regla de Osha.

Definiremos pues, el valor y el empleo de estos collares, sus diseños, de acuerdo con el uso artístico de los colores, la forma y tamaño de las cuentas, los materiales de que están hechos, el largo del collar y los hilos para la confección. Asimismo expondremos algunos elementos vinculados a la santificación de los collares, su imposición a partir de reglas y, lo más importante, su relación con los santos u orishas.

Tomaremos el método descriptivo para el análisis pormenorizado del collar y el histórico para el tratamiento narrativo del orisha, así como sus correspondientes abalorios confeccionados con cuentas, dentro de los cuales y muy especialmente están los collares de fundamento y sus respectivas variantes.

Comenzaremos nuestro estudio a partir de la recopilación de fuentes bibliográficas, que aunque escasas, nos permitirán hacer un análisis coherente del posible origen de los collares.

En la fase de búsqueda de información nos enfrentamos a dos alternativas: hacer el trabajo a partir de las libretas de santería (Arango, 1990) y de los informantes o acudir sólo a la bibliografía escrita por cubanos que podía existir. Escogimos esta última opción, ya que no teníamos acceso a la primera. Por otra parte, el hecho de adentrarnos en el tema, sólo a partir de la bibliografía generada aquí, nos brinda una versión del uso de los collares más concreta y no tan mistificada como la que existe en estos momentos.

Al hacer una revisión inicial nos dimos cuenta de cuán limitado era el campo que habíamos seleccionado y que el hecho de unificar la información dispersa e inconexa que existía sobre el tema, permitía dar a la obra un valor de actualidad.

La bibliografía acopiada fue reorganizada en tres líneas diferentes para el análisis: los textos que tratan específicamente sobre collares de santo, los que abordan el tema conjuntamente con otras investigaciones etnográficas y, por último, la bibliografía general.

Como ya hemos apuntado, los estudios sobre collares de santería son escasos, la mayor parte de las referencias se encuentran en aquellos que abarcan el tema religioso afrocubano, que constituyen investigaciones muy amplias y bien fundamentadas en las cuales el resultado atomiza la información.

Dentro de estos nos ha servido de línea conducente, por sus valores y, además, por estar dedicado íntegramente a este asunto, un artículo del etnólogo y folklorista cubano Rogelio Martínez Furé que fue publicado en la revista *Actas del Folklore*, del Teatro Nacional de Cuba (Martínez Furé, 196l).

Aunque algo conciso, el artículo resulta de gran interés y posee sólida fundamentación. Martínez Furé utiliza como fuente principal para su texto la obra de Lydia Cabrera, la de Teodoro Díaz Fabelo y sobre todo, los resultados de su trabajo de campo, con lo cual logra un orden lógico al analizar los collares en relación con las deidades tutelares, a partir de los colores usados, de los números de marca tenidos en cuenta y, lo más importante, el orisha que le corresponde dentro del panteón yorubá.

Fue difícil rehusar la sugerencia de Martínez Furé relacionada con el estudio de las obras de Cabrera y Díaz Fabelo, ya que dentro de la bibliografía cubana son ellos los primeros en hacer un análisis profundo sobre esta materia. Una vez verificada la información, nos adentramos en Rómulo Lachatañeré, otro clásico en este sentido (Cabrera, 1989; Díaz Fabelo, 1960; Lachatañeré, 1961).

Posteriormente nos detuvimos en tres obras, que aunque tratan la temática afrocubana de manera global, aportan una gran información y un valioso análisis desde el punto de vista etnográfico. Las dos primeras son de Jesús Guanche, *Procesos etnoculturales de Cuba* (1983) y *Componentes étnicos de la nación cubana* (1996), y la tercera corresponde a Rafael L. López Valdés, *Componentes africanos en el etnos cubano* (1985). La lectura de estas obras nos permitió tener una visión general de la religión yorubá practicada en Cuba y de los otros procesos religiosos afroamericanos que se han ido generando en nuestras tierras, paulatinamente.

La versión que ambos autores emiten sobre las etnias conformadoras del proceso ordenador de nuestra cultura es muy esclarecedora, así como el conocimiento de diversos elementos en otras creencias, que han ido guiando un proceso de transculturación real, «lo nuevo que surge» como dice Fernando Ortiz (León, Guanche, 1979).

En su libro de 1983, Guanche dedica un capítulo a la parafernalia de la religión yorubá y aborda ampliamente todo lo concerniente a los collares, aspectos de su confección y las reglas de uso. Aquí la exposición del tema es mucho más explícita que en los libros de Lydia Cabrera y Martínez Furé, sobre todo en lo relacionado con el ritual de imposición.

En todos estos textos se hace hincapié en la cantidad de collares que pueden existir asociados a un santo y a partir de ellos los caminos o avatares, que están a merced de la creación del Padrino y de la ensartadora, y que pueden ser infinitos. Se destacan, además, las posibilidades estéticas en la confección de estos collares (Argüelles, s.f.).

Ahora bien, la obra más reciente que nos ha permitido unificar el conocimiento de la religión yorubá y dentro de ella, el uso de los collares de santo y muy en especial su identificación correspondiente con los ori-shas, es la de la etnóloga cubana Natalia Bolívar Aróstegui, que logra sistematizar el estudio del panteón yorubá y aporta además, el conocimiento sobre el sistema de ensartes y los valores que se le atribuyen, con lo cual hemos podido conformar una idea coherente para nuestro objeto de trabajo (Bolívar, 1990).

Un punto novedoso en el tratamiento de este tema es la posible interrelación del panteón yorubá con el aruaco, entre los que encontramos grandes semejanzas; nos adentramos en esta hipótesis a partir de la consulta de la excepcional obra de Antonio Stevens-Arroyo, la más erudita que se haya escrito sobre el asunto. También hemos consultado el libro de Daysi Fariñas y los de José Manuel Guarch, con lo cual hemos podido organizar un esquema y ver las similitudes y particularidades, en un primer intento de aunar cemíes, santos y orishas (Stevens-Arroyo, 1988; Fariñas, 1995; Guarch, Querejeta, 1993).

Dos obras que son la base del estudio mitológico aruaco, la de José Juan Arrom y la de Sebastián Robiou Lamarche, nos permitieron ubicar por su patakín o historia la verdadera similitud entre orishas y cemíes (Arrom, 1989; Robiou, 1996).

El resto de la bibliografía consultada, aunque de carácter general, nos ha permitido esclarecer criterios, a veces contradictorios en las obras precedentes, y nos ha aportado valiosa información sobre el tema.

El uso actual de estos collares difiere mucho del original, al extremo de hacernos pensar que la proliferación de los mismos conforma un verdadero *boom* dentro de las ideas religiosas y su práctica en nuestro país. Lo que décadas atrás era considerado un secreto que se ocultaba o se enmascaraba, hoy en día se utiliza con un fin exhibicionista. El obraje y comercialización de estos collares, antes tan restringidos, tienen actualmente un destino turístico.

LOURDES S. DOMÍNGUEZ

LOS COLLARES

Desde que el hombre surge en la faz de la Tierra ha utilizado disímiles formas para adornarse, ya sea adicionándose adminículos sobre su cuerpo o haciendo cambios en el mismo, siempre acordes con los criterios estéticos o de otro orden (religioso) que primen en ese momento histórico.

El hombre se ha pintado el cuerpo, se ha tatuado la piel o se la ha escarificado, asimismo se ha alterado distintas partes de su anatomía; por ejemplo, la cabeza, tal y como hicieron nuestros indios taínos que cambiaban su forma a partir de un proceso iniciado desde la más temprana edad; se ha mutilado los dientes en forma de puntas (Rivero de la Calle, 1974); se ha horadado las orejas, la nariz, los labios, los genitales, para colocarse en esos orificios cuanto objeto pudiese adquirir en el entorno y que resultase de importancia para él.

Una de las formas más sencillas, pero tal vez la más empleada, es la de adicionarse al cuello cualquier objeto en forma de colgante, este ha recibido el nombre de collar y se ha utilizado en todos los estadíos socioeconómicos por los que ha pasado el individuo en el decursar de la humanidad.

Existen collares de numerosas formas y diversos materiales, usados tanto por hombres como por mujeres de cualquier edad, pero con distintos significados, en dependencia de los diferentes aspectos de la vida del propio creador, pueden ser como ejemplos de jerarquía, de ideas religiosas, de creencias atávicas, de sus gustos y de las modas, así como también de los principales materiales que le rodean y que tienen importancia para la vida del portador (Matillo, 1978).

Por imposición o por deseo, el hombre se colocó en el cuello objetos que lo acompañaran y le ofrecieran una seguridad anímica. De este modo confeccionó cuentas de variados materiales: vidrio, cerámica, conchas, metales, etcétera. También le adicionó a estos collares otros objetos, para él de gran valor, como son las plumas de aves de variados colores, conchas y caracoles, semillas de plantas, pedazos de piedras preciosas y semipreciosas, y de metales, los cuales adaptó para poder usarlos a su gusto.

La arqueología nos brinda a cada momento ejemplos verdaderamente significativos sobre el uso de collares y colgantes, en este sentido pudiéramos referir algunas experiencias de nuestro trabajo. En 1982, cuando realizábamos excavaciones en Siberia Occidental, en el sitio Sofka II en Vienguerovo, Novosibirsk, encontramos una tumba del Neolítico con el entierro de un niño que tenía atado a su cuello una bolsita llena de caracoles del género *cauris,* que son netamente africanos. Este caracol no sólo tiene un significado especial para los africanos sino también para las religiones afroamericanas (Domínguez, 1980).

Otro ejemplo es el hallazgo de cuentas de collares, pequeñas, redondeadas, de color blanco, hechas de madera que se encontraron en las excavaciones realizadas en el cementerio del ingenio Taoro en La Habana, en 1970. También en otros entierros del mismo sitio se pudieron rescatar cuentas de azabache afacetadas y monedas norteamericanas con un agujero para colgar, así como colmillos de cánidos (Domínguez, 1986).

Los collares fueron usados por los tres grupos que formaron parte del encuentro que tuvo lugar en tierras americanas: el aborigen, el europeo y el africano.

En el momento inicial en que se unen máximas de vida, costumbres y creencias, proceso conformador que da a luz la diáspora generadora de lo cubano, es bueno destacar que esta simbiosis cultural o «ajiaco» como lo denominó Don Fernando Ortiz, ocurre a partir de tres ingredientes principales, elementos mayoritarios en su momento histórico y que pueden sintetizarse en esta forma: lo aborigen, lo europeo y lo africano, donde cada uno influye y predomina en diferentes etapas, por las que ha pasado nuestro pueblo en estos recién cumplidos 500 años.

Por lógica este proceso se inicia en el Caribe, se ensaya de una manera *sui generis* y con ello se producirá algo nuevo, que bien pudiera concretarse a partir del proceso sociológico de la llamada transculturación (Ortiz, 1963).

En esta creación de algo nuevo, como es lógico las ideas religiosas desempeñaron un papel de suma trascendencia, ocurre entonces la sincretización.

Generalmente se ha planteado que la sincretización se produjo a partir del panteón cristiano con sus santos y el panteón africano, especialmente el yorubá, con sus orishas; sin embargo, debió haber existido, como en otras regiones de América, la sincretización con el panteón aruaco, en donde los llamados cemíes desempeñan la misma función que santos y orishas; aunque nadie lo recogiera en las crónicas en su momento.

De lo que sí estamos seguros, y es correcto enunciarlo, es de la presencia de múltiples elementos de la religión aruaca dentro de las religiones afrocubanas más comunes hoy como son la Regla de Osha y el Palo Monte. Ejemplos hay muchos, aunque en ocasiones se desconoce parte de los artefactos de la vida cotidiana de los taínos o parte de sus creencias. Por ejemplo, el hacha petaloide, más conocida como la piedra de rayo, de imprescindible uso en el ritual yorubá, originariamente era un artefacto de trabajo aborigen; la maraca inicialmente era parte del ritual aruaco y no instrumento musical; la veneración de la ceiba o árbol mítico cubano y muy en especial el uso de los collares (Tro Pérez, 1978; Pérez, 1979; Domínguez, 1997).

Los collares fueron usados por los tres grupos participantes de este encuentro que tuvo lugar en tierras americanas, ya fuera como adorno o como ritual, pero debemos tener en cuenta que los que mayor semejanza guardan con el actual collar de santería son los collares confeccionados por los aborígenes que habitaron nuestro territorio. Analicemos brevemente los collares en los tres grupos formadores y podremos concretar sus maneras de uso.

Los aborígenes cubanos son de origen aruaco suramericano y utilizaron profusamente el adorno, desde la pintura corporal hasta los abalorios de todo tipo, entre los cuales se destacan los collares. Los confeccionaron en diferentes materiales, muchos de ellos han sido rescatados y estudiados por la arqueología como los collares de cuentas pequeñas hechos de concha, al estilo de la mostacilla, en los cuales tanto el color como el conteo —o sea números establecidos para el ensarte—, desempeñaban un papel de consideración. Todavía hoy se usan en comunidades muy ligadas a nuestros antecesores, que viven en tierras venezolanas, en las que actualmente podemos ver collares donde el color rojo y el rosado son altamente apreciados y se confeccionan, además, con cantidades fijas de cuentas (Domínguez, 1994). Las formas de ensarte se presentan extremadamente parecidas a las de los collares sencillos y de mazo que se confeccionan hoy para la santería.

La España medieval que acompaña a la conquista trae de moda los collares de cuentas de cristal, de diferentes colores y tonalidades, así como de facturas diversas. Eran llevados tanto por hombres como por mujeres y pudieron ser parte del comercio inicial con los aborígenes, ya que a través del estudio arqueológico se han encontrado grandes cantidades en los residuarios de esta época y la literatura generada por los cronistas recoge este comercio inicial como forma de trueque.

Las cuentas que se han hallado en excavaciones de las primeras villas fundadas datan presuntamente del siglo XVI y son de variados diseños, por lo cual primero Goggin y más tarde Deagan las agruparon en tres variantes diferentes a partir del procesamiento del cristal (Goggin, 1968; Deagan, 1987).

El hombre de origen africano que llegó a nuestro país en los momentos iniciales de la conquista provenía de España, negros nacidos en la Metrópoli eran los únicos esclavos que se permitía trasladar a estas tierras, por lógica traían la usanza del momento en Europa; no sucederá así posteriormente en los siglos XVIII y XIX, cuando los esclavos llegan directamente de África (León, 1980).

De acuerdo con lo que se ha podido investigar, los collares que existían en África en este momento eran elaborados a partir de semillas y algunos elementos con predominio del metal; a la cuenta de cristal no se hace referencia, es posible que fuera incorporada por el hombre africano a su llegada a la Isla. En un entierro múltiple, de 1873 aproximadamente, hallado en un cementerio de negros esclavos en el ingenio Taoro, en La Habana, se encontraron unas pocas cuentas blancas, pero de madera (Domínguez, 1986).

CUENTAS

Aunque el tema no es muy tratado en la literatura especializada, hemos logrado conocer que las cuentas de cristal datan de mucho antes del siglo XVI (Deagan, 1987). Otros autores sugieren que esta industria es originaria de Barcelona y de Andalucía, pero hay indicios concretos de que también se producían en otras regiones de España, así como en Venecia y en Portugal (Smith, 1982).

En este inicial Renacimiento se puede afirmar que las cuentas no eran muy profusas; llegaron a nuestras tierras con el descubrimiento y la conquista mediante el intercambio. Generalmente se piensa que este trueque era desfavorable para el indígena; ello no es cierto, ya que las cuentas en ese momento eran bien codiciadas, lo que ocurre es que desde nuestro punto de vista actual, cambiar cuentas por pedacitos de oro es bien inusual.

Las cuentas que trajeron los europeos no son similares a las de los collares actuales. Aquellas eran de cristal soplado y se podían confeccionar redondeadas o afacetadas, en colores brillantes, con predominio de los azules, pero no de la gama actual.

Podemos asegurar que las cuentas de cristal que aparecen en los residuarios arqueológicos del período inicial de la colonia, son de diferentes formas y han sido clasificadas inicialmente a partir de los hallazgos del sitio Nueva Cádiz en Venezuela en donde han aparecido con mayor frecuencia, por lo que se han podido clasificar tipológicamente (Smith, 1982; Goggin, 1968). Estas cuentas, que además son halladas en La Habana, en San Agustín de la Florida, en la Isabela en Santo Domingo, no tienen nada que ver con las cuentas actuales y en su momento, si alguna se utilizó en collares de santería sólo fue como *gloria,* o sea, para adornar o hacer separaciones en el collar.

Las cuentas de los collares de santo que conocemos tampoco fueron introducidas por los africanos, pues los que arribaron a Cuba en los siglos XVI y XVII procedían de España, y de haber traído cuentas, trajeron las españolas o de cristal soplado. Es muy limitada la información que se tiene sobre el aporte de los africanos al respecto. Son pocas las excavaciones arqueológicas realizadas en los puntos de embarque, y en general todo se centra en las producciones de mayor valor e importancia que son los metales (León, 1980). En una entrevista con el profesor Irmino Valdés, quien trabajó en África durante largo tiempo, este nos expresó que nunca había encontrado referencia a los collares de cuentas en las áreas de mayor inmigración al Caribe. Los collares hallados en algunas excavaciones arqueológicas eran de semillas resistentes, por lo que estaba casi convencido de que habían sido asimiladas por el culto yorubá y el de Palo Monte después del enfrentamiento de las culturas en América.

Como apuntábamos antes, los pocos sitios arqueológicos excavados en Cuba y en otros lugares del Caribe no ofrecen ejemplares de este tipo de cuenta actual, sólo algunas similares pero hechas de madera y monocromas. Por ejemplo, el entierro no. 5 del cementerio del ingenio Taoro, en La Habana, constituido por un individuo de la raza negra, presentó a la altura del cuello unas cuentas, que no llegaban a una sarta completa de collar, unidas a una cuenta de azabache, esta última pudo ser una gloria (Domínguez, 1986).

Llegamos entonces a una conclusión: el collar de santo no fue en sus inicios igual al actual, ni en la forma ni en la gama de colores que se nos presenta en el mercado, y lo más parecido que le antecede son los collares aborígenes de cuentas de mostacillas en color blanco y rosado.

LOS COLLARES EN LA
REGLA DE OSHA O SANTERÍA

Las primeras noticias que se tienen de las religiones provenientes de África, se remontan a los albores del siglo XIX. Estas creencias encontraron a su llegada algo ya ordenado, a partir de muchos elementos de aportación, lo que en su interrelación con lo nuevo dio lugar a lo que conocemos como las religiones afroamericanas. En nuestro país estas tuvieron mayor auge, como en otros lugares de América, donde la inmigración africana a partir de la esclavitud fue más fuerte.

Dos grandes grupos religiosos han llegado a nuestros días: la Regla de Osha o santería y el Palo Monte.

La Regla de Osha o santería es la religión de origen lucumí que conocemos como yorubá. Originaria de las áreas actuales de Nigeria, es un culto politeísta que presenta en su panteón un conglomerado de deidades llamadas orishas, eminentemente terrenales, de ahí su raigambre tan popular (López Valdés, 1985).

El otro culto asentado en tierras caribeñas, llamado Regla de Palo Monte o religión arará de origen bantú, también proviene del continente africano, y presenta elementos similares al anterior en algunos aspectos de

23

su panteón, con el cual se interrelaciona, así como en la utilización de elementos de su parafernalia.

Tanto en Cuba como en el resto del Caribe donde se profesa actualmente, la religión yorubá conforma un culto coherente y con muchos adeptos, la misma ha tomado diversos elementos de cultos anteriores y se ha transculturizado, como dice Fernando Ortiz (Ortiz, 1975), dando paso a lo nuevo.

En ambos cultos se utilizan los collares, especialmente dentro del ritual, ya que comparten a veces sus deidades y otros elementos de la manera de oficiar.

En nuestro trabajo sólo haremos referencia al uso de los collares en la Regla de Osha, ya que en ella se utilizan como atributo personal, así como también en parte del ritual del iniciado.

Se entiende por collar de santo al sistema de ensartes de cuentas de cristal con formas y colores específicos, los cuales se asocian como atributo a diferentes deidades del panteón yorubá. Las cuentas reciben el nombre de *matipós,* con ellas se conforman los ensartes que generalmente son sencillos o de una sola hilada y los llamados de mazo, que se hacen con varios hilos unidos de trecho en trecho con cuentas más grandes. Se hacen para uso personal, como el collar sencillo, unas manillas a las cuales se les denomina *ildé.*

Las cuentas son pequeñas, no rebasan 1 mm de diámetro, pueden ser brillantes, translúcidas y opacas o mates, presentan todos los colores primarios y secundarios en varias intensidades, considerándose colores planos. A veces se usan otras cuentas más grandes que se insertan en el collar a las cuales se les llama *glorias,* estas pueden ser de factura diferente en cuanto a material y a forma, o sea hechas de cristal y afacetadas.

Cuando el collar está acabado de confeccionar se dice que es un collar judío y se le llama *eleke,* cuando pasa la ceremonia de consagración se le denomina *iñale* o *ñale*.

Los collares pueden ser divididos en tres formas. Los sencillos tienen un solo hilo y se colocan alrededor del cuello, su largo está en dependencia de la estatura del que lo usa, ya que los mismos deben terminar a la entrada del estómago, siempre y cuando los números y marcas se mantengan sin alteración en la cantidad de cuentas.

El collar doble es muy poco usado y se hace de dos hiladas paralelas unidas de tramo en tramo por una gloria, que puede ser un azabache, un coral, o un caracol.

Cada orisha tiene su collar de fundamento o básico a partir del cual el Babalao o Padrino dispone otros ensartes para su ahijado en dependencia del camino que él entienda que debe seguir.

El collar de mazo es una verdadera obra de arte, se conforma con varias hiladas sujetas por grandes glorias puestas de tramo en tramo, son collares para oficiar y guardan relación en color y número con el orisha tutelar. Generalmente no son de uso personal, sólo se utilizan en el momento de oficiar en las ceremonias, y después se colocan en los altares.

Es usual adicionarle a estos collares, en su confección, otros elementos que simbolizan diferentes aspectos de gran valor anímico como pueden ser los colmillos de leopardo o de tigre, o en su defecto de perros o cerdos; también la introducción de caracoles es imprescindible en algunos collares y si estos son *cauris,* género africano por excelencia, mucho más efectivo, aunque pueden usarse otras especies con valores específicos.

Otros objetos se ponen en los collares como son cadenas, monedas horadadas, medallas, cuentas de piedras semipreciosas: el azabache, el ámbar, el coral, y el lapizlázuli, así como también, la concha, el nácar, el marfil y el hueso.

Los collares se diferencian por sus colores y por el número de sus cuentas, cada orisha tiene colores y números preferentes que lo representan. En la confección del collar puede haber variantes que se conocen como *caminos* y que decide el que rige la iniciación del neófito, o sea, el Padrino o Babalao.

Su uso se remonta posiblemente al siglo pasado, así lo acredita la arqueología, aunque no creemos que las cuentas actuales hayan sido parte de los mismos en aquella época, sino que son una moda actual.

CEREMONIA

La confección e imposición de los collares en la santería están sujetas a reglas. Preferimos no tomar los criterios de informantes, y solamente acudir a la bibliografía consultada.

En el procedimiento de confección, los collares pueden ser ensartados por una profesional, la ensartadora, a la cual el Padrino le encarga el trabajo con sus indicaciones específicas en cada caso; en otras ocasiones es el propio Babalao o Padrino quien los confecciona. Se debe hacer con hilo de pita y nunca con hilo de nylon, tener en cuenta el tamaño y el ordenamiento de colores con el número de cuentas, así como el tipo de las mismas en dependencia de la tutela del orisha.

Son un ejemplo de animismo ya que se realizan una serie de ritos indispensables que dan iniciación a los collares y al neófito. Es la iniciación a la vida del creyente, y es la iniciación a la vida de los collares, pero para que los mismos tengan efectividad y sirvan de amuleto o de resguardo es preciso observar con ellos determinadas reglas.

La ceremonia de imposición se conoce como «medio santo» y en ella sólo se reciben los collares; posteriormente se entregan los Guerreros, otra fase en la religión.

En dependencia de la casa que imponga los collares, serán las normas, las que a veces varían en algunos aspectos. Es puntual que existan cánones establecidos y estrictos para la confección de los collares, así como para su imposición, lo que determina a su vez el lugar y los elementos de la parafernalia religiosa que debe existir en el mismo.

El collar cobra vida al ser impuesto y para que permita a su poseedor sentir la protección real contra todo mal, objeto principal de su imposición, deben observarse reglas de austeridad y comportamiento que regulan la vida del oficiante, de aquí el valioso papel que desempeñan dentro de la religión yorubá. Cuando el collar se va a iniciar debe «lavarse» o «enjuagarse», bañándolo con sangre de los animales que han sido sacrificados al efecto. Este ritual, que se conoce como «asiento» dura tres días, se les ofrece comida denominada *omiero* y se le efectúan rezos llamados *súyeres*, estos últimos deben ser dichos siempre en lengua yorubá por el oficiante y por el Padrino, de acuerdo con lo estipulado en las Libretas.

El Padrino, antes de imponer el collar, ha debido consultar el sistema adivinatorio o Tablero de Ifá, que le revelará cuál es el santo o santos protectores del iniciado o ahijado y a partir de estos se harán las ceremonias. En este momento se pueden adicionar otros collares, o a los collares de base otros caminos o avatares, con la unión de otros santos para la vida futura. Una vez efectuada la ceremonia se dice que los collares están «trabajados».

Para el nuevo oficiante hay normas de obligatorio cumplimiento en el uso diario. La más importante es dar de comer a los collares periódicamente y estar muy atento al comportamiento de estos, ya que ellos le «hablarán» a su dueño. Por ejemplo, cuando se enroscan, puede que le suceda algo malo a su portador, quien debe acudir rápidamente al Padrino para que este le diga cómo actuar en ese caso. Lo mismo sucede si se rompen, lo que resulta más peligroso aún, por lo que hay que buscar inmediatamente al Padrino (Guanche, 1983).

Los collares pueden ser expuestos a la vista de todos, colocados en el cuello, o usarse escondidos y hasta ser llevados en una bolsita acompañante en el bolsillo o en la cartera, en dependencia del caso.

Tanto para la mujer como para el hombre, existen reglas que limitan su uso durante las actividades sexuales, y en el caso de la mujer, debe quitárselos cuando tiene la menstruación (Martínez Furé, 1961).

DEIDADES Y COLLARES

Para profundizar en el estudio de los collares, hemos decidido hacer un resumen, en el cual cada santo u orisha ubicado en el panteón yorubá aparece con la referencia sobre el eleke o collar de fundamento que le corresponde. Sabemos que es imposible recoger las variantes que se pueden dar de estos collares de base porque los avatares o caminos de cada santo en su collar son infinitos.

Algunas de las deidades que aquí se nombran tienen más de un collar de fundamento. Se ha podido recopilar ordenadamente los números de marca o números sagrados y los colores correspondientes a cada deidad. Asimismo referiremos si el collar es simple o doble, o sea de una sola hilada o de dos. En esta parte no haremos referencia a los ildés o manillas, ni a los collares de mazo o collares compuestos porque su confección y uso tienen normas diferentes.

Los orishas se presentarán por orden alfabético ya que la jerarquización de los mismos es muy compleja y no nos permitiría una exposición clara, dada la interrelación del panteón yorubá.

Con la ayuda de la obra de Natalia Bolívar se ha confeccionado un pequeño patakín o historia a cada uno de los orishas, con la idea de esclarecer en algo su importancia dentro de la cosmogonía yorubá, y el papel que desempeñan en la sincretización con el santoral católico. Un elemento nuevo que ha salido de este estudio es la similitud que muchos de estos orishas tienen en su patakín con los cemíes nombrados en la obra de Pané (1977), los cuales también hemos ubicado dentro de esta trilogía.

AGGAYÚ

Orisha mayor, recibe también el nombre de Aggayú Solá y Argayumare en el panteón yorubá —en el de Palo Monte se le llama Quendú— y se sincretiza con el santo católico San Cristóbal. Se le considera el patrón de los caminantes.

Simboliza al hombre fuerte y violento del referido panteón. Es el que sostiene al mundo y en muchas ocasiones se personifica con el Sol. También se le llama el gigante de la Osha. Es el padre de Shangó, poderoso y temido, dueño del río que se despeña desde lo alto, y también dueño de la tierra rica con posibilidades óptimas para la siembra.

Otra de sus características es la de ser poseedor de energía. La ciudad de La Habana lo tiene como su santo patrono al que se le rinde homenaje. Su refugio como orisha es la palma real. Tiene similitudes en la cosmogonía aruaca-taína con Huión, que representa al Sol y a la divinidad dueña de la Tierra.

Presenta collares sencillos y su número de marca es el nueve o múltiplos de nueve hasta llegar al dieciocho. Hay otros números que también se usan con este santo como son el tres y el seis, pero en esa ocasión se saltean los colores en la confección del collar.

El color más representativo de sus cuentas es el carmelita o el cacao, aunque colores como el azul turquesa, el punzó oscuro, y también el amarillo, el verde y el rojo pueden alternar en el collar.

A partir de su collar de base presenta algunas variantes que pueden ser:

- cuentas carmelitas con otras cuentas de agua de jabón hasta llegar a dieciocho alternadamente, lo que se repetirá hasta el final del collar, se le agregan en ese momento tres colores diferentes
- cuentas de color cacao alternas con nueve cuentas que pueden ser azul turquesa, otras veces rojas, verdes y amarillas
- cuentas tipo perlas, en color rojo y blanco, con una secuencia de seis en seis, se pueden usar también perlas de vidrio color rojo
- cuentas de color cacao a las que cada nueve se le insertan otras de color rojo y azul turquesa, o también verde y amarillo
- cuentas rojas en número de nueve, y ocho amarillas. Esta secuencia se interrumpe con una cuenta blanca grande, el orden se repite luego hasta el final.

BABALÚ AYÉ

Orisha mayor, recibe también el nombre de Obaluaye. Se sincretiza con el santo católico San Lázaro, en sus dos manifestaciones: la de la iglesia y la popular, que es la imagen del santo que se representa con los perros.

Es un santo muy venerado por su vinculación con las enfermedades de la piel de tipo venéreo o contagioso, especialmente sífilis, lepra y viruelas, que azotaron a la humanidad en el siglo XIX.

Se personifica como el padre del Mundo. Tuvo una vida muy licenciosa por lo cual se enfermó y murió, pero cuenta la historia que resucitó porque Dios así lo quiso, de aquí que sea tan misericordioso.

El personaje mitológico que le corresponde en la religión aruaca es el de Abeborael Guahayona, enfermo de la piel que se cura a partir de un milagro.

Su collar es sencillo y su número de marca es el diecisiete, aunque también lo pueden ser el siete, el trece y el catorce. Su único color es el morado en todas sus gamas.

Las cuentas que lleva su collar son matipós (opacas), de base blanca con rayitas azul aqua.

Puede presentar variantes en su collar de base como son:

- una sarta completa de matipós blancos con rayitas azules sin interferencia de ningún otro color
- cuentas de perlas blancas y azules en secuencia corrida
- cuentas negras, con matipó de Oyá (de varios colores), matipó de San Lázaro (blanco con rayas azules) y cuentas rojas. Todas se combinan al gusto y a veces se le añaden cauris o caracoles africanos horadados.

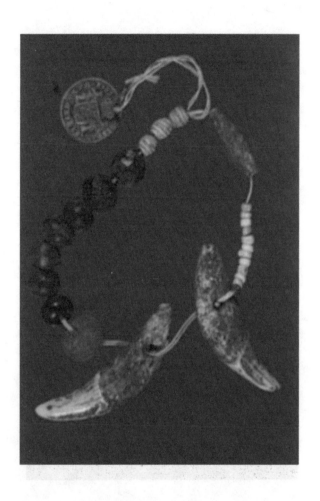

*Cuentas de collares y atributos encontrados
en el cementerio del sitio Taoro,
La Habana (Colección personal)*

Cuenta de azabache hallada en una excavación arqueológica en Guanabacoa, La Habana (Colección personal)

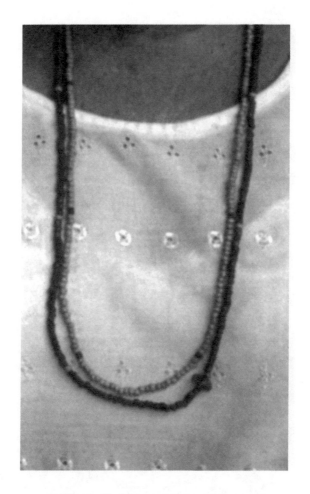

Collar sencillo de Yemayá (Colección personal)

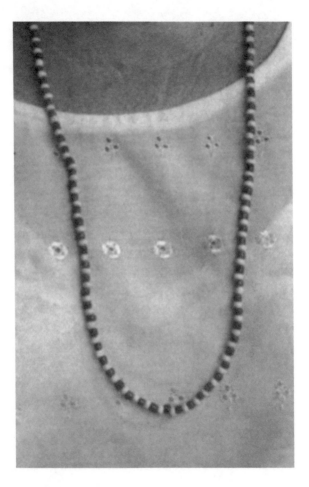

Collar de Orula (Colección personal)

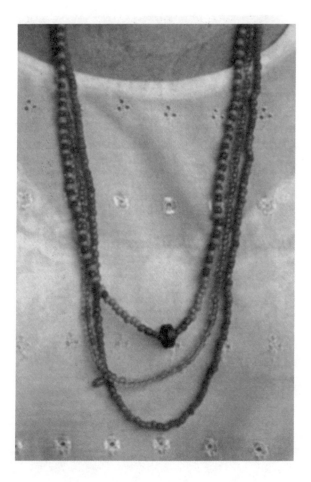

Collares de Oshún (Colección personal)

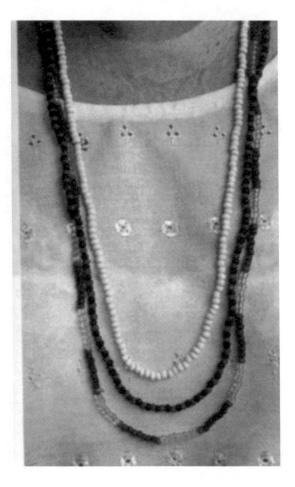

Collares sencillos de Obatalá, Elegguá y Naná Bukurú
(Colección personal)

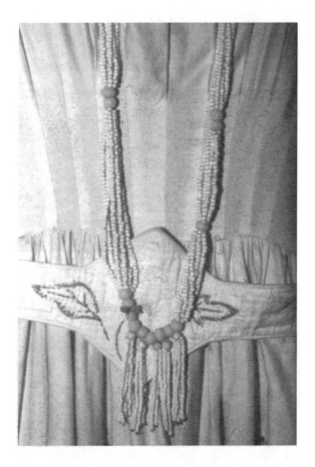

Collar de mazo de Obatalá (Colección Fernando Ortiz)

Collar de mazo de Yemayá, detalle
(Colección Fernando Ortiz)

Collar de mazo de Yemayá (Colección Fernando Ortiz)

Collar de mazo de Shangó (Colección Fernando Ortiz)

Collar de mazo de Oshún (Colección Fernando Ortiz)

Collar de Babalú Ayé (Colección Fernando Ortiz)

Conjunto de collares (Colección personal)

Sopera y otros atributos de Oshún
(Colección Fernando Ortiz)

Atributos de Shangó (Colección Fernando Ortiz)

Atributos de Shangó, que incluye collar
(Colección Fernando Ortiz)

DADA

Orisha menor, se sincretiza con Nuestra Señora del Rosario. Es hermano de Shangó, fue quien lo crió. No tiene representación en ningún collar, ni número ni color.

ELEGGUÁ

Orisha mayor, recibe también el nombre de Elégba, en Regla de Palo Monte le llaman Mañunga y se sincretiza en el santoral católico con varias deidades como son el Niño de Atocha, el Ánima Sola, San Antonio de Padua y San Juan Bautista.

Representa al dios que tiene las llaves del destino y es el primero de los cuatro Guerreros. Se le conoce también como el portero del monte y la sabana, hay que pedirle permiso para entrar a ellos. Se le considera como el rey del juego y la trampa. Es el que abre los caminos, pero así como los abre, también los puede cerrar.

Tiene una gran similitud con el dios aruaco Yucahú Magua Maarocoti, el más importante de ese panteón porque fue quien le dio el alimento al Mundo y por eso abrió el camino a la Humanidad.

El tipo de collar que usa es el sencillo y su número de marca es el tres. Sus colores son el rojo y el negro, que significan la vida y la muerte, el principio y el fin, lo uno y lo otro, en fin, la dualidad.

Las diferentes variantes que puede llevar el collar de base son las siguientes:

- cuentas rojas y negras alternas
- matipós negros y rojos a los que se le saltea algo de blanco y se le pone azabaches
- cuentas de perlas blancas y negras
- tres cuentas rojas, tres cuentas negras y tres cuentas blancas, hasta terminar el cordel
- cuentas blancas y negras alternas.

IBEYIS

Son orishas menores, representados por un par de jimaguas, situación venerada en casi todas las religiones. Simbolizan en el panteón yorubá la buena suerte. En el santoral católico se sincretizan con Dimas y Damián, santos que parecen hermanos.

Son los niños preferidos y mimados, hijos de Yemayá y Shangó. Son alegres, tramposos y les gusta mucho el dulce.

En la mitología aruaca la presencia de jimaguas es muy usual y se representan como siameses, pegados uno al otro.

No tienen marca, ni color, tampoco se les acredita collares.

INLE

Orisha mayor, recibe también el nombre de Erinlé y se sincretiza en la religión católica con San Rafael Arcángel y con el Ángel Custodio. Se dice que es el remedio de Dios y se le conoce como el Médico de la

Osha. Es el patrón de los médicos o galenos y suele afirmarse que es quien dirige y organiza a los ángeles custodios. Fue tan bello en su fisonomía que Yemayá, enamorada de él, lo raptó y se lo llevó al fondo del mar, y después le cortó la lengua para que no pudiera explicar lo que había visto en las profundidades. Se le considera la deidad de la pesca y la recolección marina, tiene a su vera muchos peces y es también el dueño del río.

En la religión aruaca presenta similitudes con el cemí Baibrama, vigilante de la salud y de los cultivos y recolecciones.

Su tipo de collar es sencillo, y su marca en número es el veintiuno, aunque también se le adicionan los números cinco y siete. Su color más usado es el verde oscuro.

Las variantes de collar de base son las siguientes:

- veintiuna cuentas azul claro y tres amarillas
- una cuenta azul oscuro y dos amarillas
- matipós de color verde oscuro para todo el collar con dos cuentas azul prusia y una de coral.

IROKO

Es la representación de la ceiba, árbol mítico muy venerado, en el que se supone que residen todos los orishas. Se sincretiza con la santa católica de la Purísima Concepción.

Simboliza los principios del mundo, el cielo y la Tierra y se le considera el bastón de Olofi. Cuando se le oficia, se baila a su alrededor con un bastón recubierto de collares variados que tipifica a todos los santos y, también, una escoba adornada con cuentas.

Para los taínos es además el árbol sagrado o mítico, a sus pies se ponían las ofrendas y era venerado por todos. Los africanos lo escogieron al llegar a nuestra tierra en sustitución del baobab, árbol africano de igual valor mítico.

En algunos casos se plantea que no tiene collar, en otros se dice que tiene uno, de una sola hilada, en blanco y rojo alternos.

NANÁ BUKURÚ

No se le considera un orisha mayor ni menor, pero es la madre de Babalú Ayé. Se le consignan muchos misterios y es además terrible como el trueno y tan impredecible como él. En el santoral católico se le sincretiza con Santa Ana.

Tiene alguna relación con el cemí Guatuaba, que representa al trueno.

En cuanto a sus collares sus cultores dicen que usa el de los ibeyis, pero como estos no se representan con ninguno, en realidad no tiene uno concreto. Tampoco posee número de marca.

Los collares que se le asocian, al no tener collares propios, son:

- cuentas blancas y rojas, unidas con moradas alternas
- perlas blancas, rojas y azules, alternas.

OBA

Orisha mayor, es una de las mujeres de Shangó, símbolo de la felicidad conyugal. Es la eterna enamorada y abogada de las causas difíciles. Recibe también el nombre de Obá y se sincretiza en el santoral católico con Santa Rita de Casia, Santa Catalina de Siena, Santa Lucía y la Virgen del Camino.

En Palo Monte se le llama Totonkúa. Se le representa sin una oreja, ya que según su historia fue engañada por Oshún, quien le hizo creer que para agasajar a su hombre, debía cortarse una oreja y así lo hizo.

Tiene similitudes con el cemí Guamanaco, que figura la primera mujer, a su vez creada por la Luna.

Presenta un tipo de collar sencillo, su número de marca es el ocho y el cinco. Sus colores más representativos son el carmelita y el ámbar así como también las cuentas de jabón. Las cuentas rosadas y amarillas son parte de las que se usan siempre en sus collares.

Los collares de base y sus variantes son las siguientes:

- ocho cuentas de jabón, ocho carmelitas salteadas con cinco de ámbar
- veintisiete carmelitas, tres de miel y una de coral, se vuelve a repetir hasta llegar al tamaño deseado
- rosadas y lilas alternas
- cuentas moradas y lilas alternas.

Aclaremos que las cuentas de ámbar se pueden sustituir por azabaches, pero ambas piedras deben ser legítimas.

53

OBATALÁ

Orisha mayor, hija de Olodumare y creadora de la Tierra, sobre todo, se le conoce como escultora del ser humano. Es la deidad pura por excelencia, dueña de las cabezas. Considerado por muchos el mayor de todos los orishas, fue mandada a la Tierra para hacer el bien, es misericordiosa y amante de la paz y la armonía.

Se sincretiza en el santoral católico con la Virgen de las Mercedes. En Palo Monte recibe el nombre de Quenqui y Mamá Quenqué. Se le ve siempre como el principio de las cosas.

Pudiera tener relación estrecha con Yayael, el hijo del Dios Supremo Yaya, para los aruacos, aunque también se relaciona estrechamente con Marohú, cemí que representa el buen tiempo, la felicidad y el bien por sobre todas las cosas.

Sus collares son sencillos y su número de marca es el ocho o múltiplo de ocho. Su color es el blanco, aunque en sus collares puede recibir el rojo, el coral, verde, morado, nácar y agua de jabón. También se le pueden adicionar cuentas de marfil.

Los collares de fundamento pueden ser variados:

- cuentas blancas continuas con un solo punto de color
- dieciséis blancas, cuatro de agua de jabón, una de coral, cuatro de agua de jabón, que se repiten hasta el final
- perlas blancas en secuencia completa y algún color insertado, que puede ser negro, rojo o azul con una sola cuenta

- veinticuatro cuentas blancas, una roja y una de marfil o nácar.

Este orisha presenta caminos, que pueden ser infinitos de acuerdo con las sugerencias del Padrino, lo que se representa en los collares a partir de los colores establecidos y los números de marca.

ODDÚA

Es orisha mayor y representa los misterios de la muerte y de todos sus secretos. Popularmente se dice que es capaz de curar a los moribundos. Oddúa es un rey que forma parte de la historia de la fundación de Ifé. Es considerado como el Rey de Oyó y para todos es el Muerto Mayor.

Se sincretiza en la religión católica con Jesucristo y con el Santísimo Sacramento del Altar. Su padre, al igual que a Jesús, lo mandaron a la Tierra a ayudar al hombre y a determinar el orden sobre la misma. Se le conoce también como el dueño de la soledad.

Puede relacionarse con Maquetaire Guayaba del panteón aruaco, que es el servidor de la morada de los muertos y por otro lado, tiene puntos en común con Yayael, que fue mandado por su padre a la Tierra para ayudar.

Su número de marca es el cuatro y sus colores son el blanco y el color del coral.

Sus collares son de una sola hilada y deben tener dieciocho pulgadas de largo. Se le conocen doce caminos, además de sus collares de fundamento, que son:

- cuatro cuentas verdes y cuatro blancas alternándose hasta el final
- una cuenta verde y una blanca consecutivamente
- dieciséis cuentas verdes y dieciséis blancas, con una de nácar entre ellas o también marfil
- dieciséis blancas, ocho rojas, ocho blancas, una de coral y ocho blancas, así hasta el final
- collar con ocho secciones de cuentas blancas de leche, separadas entre sí por dos cuentas de nácar que llevan en el medio un coral.

OGGAN

Orisha menor, es el santo que sirve para guerrear, porque representa a todos los santos. Vive y come con Oggún. Es llamado también Asia Eleké o Bandera.

No tiene número de marca y contiene todos los colores.

Su collar de fundamento es una gama grande de colores que se repiten, con tres caracoles y una cadena insertados.

OGGÚN

Orisha mayor, hermano de Shangó y Elegguá. Es el dueño del hierro. En Palo Monte recibe el nombre de Zarabanda y se sincretiza con una buena cantidad de santos de la religión católica como son San Pedro, San Pablo, San Juan Bautista, San Miguel Arcángel y San Rafael Arcángel.

Se representa como a un negrito prieto, violento y astuto. Es considerado el dios de los minerales, las herramientas y las montañas. Se le asocia también con un cazador solitario y andariego. Como brujo domina los secretos y los misterios del bosque o monte. Es el dueño de las llaves, las cadenas y las cárceles.

Su tipo de collar es sencillo, y sus números de marca son el tres y el siete. Sus colores son el negro, el verde y a veces algo de rojo.

Sus collares de fundamento son:

- una cuenta negra y otra verde con alguna cuenta salteada en rojo
- cuentas verdes transparentes y cuentas negras alternadamente, cuando es verde transparente tiene cuchillo
- veintiuna cuentas negras y siete verdes, una roja, un azabache y una cuenta roja, así se continúa hasta el final
- tres cuentas negras y tres cuentas verdes hasta el final
- siete cuentas verdes, una roja, siete cuentas negras y una cuenta roja, que se repiten hasta el final.

Dentro de este collar se usan colmillos de animales felinos, caracoles cauris y azabaches.

Cuando el collar de Oggún le pertenece a algún *oriaté,* se le agregan cauris.

OKE

Orisha menor, es el dios tutelar de las montañas y se sincretiza con Santiago Apóstol.

Representa a la primera loma o promontorio que salió del fondo del mar, señala todo lo que sea elevado y alto. Vigilante y guardiero. No tiene marca, ni color, ni collar.

OKO

Orisha mayor, deidad de la agricultura, la tierra y las cosechas. Se sincretiza en el santoral católico con San Isidro Labrador. En la Regla de Palo Monte se llama Musilango.

Se personifica con un joven labrador serio y casto, por eso es el patrono de los labradores. Este santo asegura la prosperidad de la tierra porque es el dueño de todo lo relacionado con la misma. También se ve como el árbitro entre las disputas de mujeres y, sobre todo, entre los orishas.

Tiene similitud con el cemí Boynayel o Llora Lluvias que en el panteón aruaco es quien facilita la bonanza de la tierra.

Su número de marca es el siete y sus colores son el rosado y el azul unidos. Su collar es simple.

Los collares de fundamento pueden ser:

- siete cuentas azul claro turquesa y siete cuentas rosadas casi lilas, se le puede adornar con caracoles

- cuentas rojas de rayitas más oscuras
- siete cuentas azul claro, una roja, siete moradas, un azabache salteado con coral
- cuentas azul aqua y cuentas negras alternas.

OLOKUN

Orisha mayor, dueño y señor del océano, poderoso y terrible en la tierra y en el mar. Trata de lograr por todos los medios el dominio de la Tierra. No tiene sincretización que se le conozca en el santoral católico. Vive en el fondo de los océanos junto a una gran serpiente marina atada con siete cadenas.

Tiene cierta relación con Deniman Caracaracol que es el dueño de los mares en la cosmogonía aruaca.

Su tipo de collar es sencillo, su número de marca es el nueve y sus colores son el azul y el blanco.

Las variantes que presenta en sus collares de fundamento son las siguientes:

- cuentas azules y blancas alternas
- cuentas azul oscuro y cuentas de espuma de jabón alternas
- perlas cristalinas de distintos tonos de azul, con algunas inclusiones de cuentas verdes y rojas
- cuentas azul añil que se combinan a gusto con cuentas rojas, cuentas de ópalo y corales.

Antiguamente se usaba un collar de cuentas gruesas de color azul intenso como si fuera lapizlázuli, montadas en un hilo de hierro.

ORULA

Es un orisha mayor, también recibe el nombre de Orumilla, se sincretiza con los santos católicos San Francisco de Asís, San José de la Montaña y San Felipe. Tiene el secreto de la adivinación que le fuera dado por Shangó. Es el único orisha al que Olodumare le confió el Tablero de Ifá.

Alrededor de esta deidad se ha organizado un complejo religioso que lo destaca y singulariza en relación con otros orishas.

Se presenta como el gran benefactor de los hombres y para todos el más importante consejero, porque revela el futuro y le permitirá al hombre influir en el mismo.

También se identifica con la sabiduría, el oráculo supremo y los secretos de Ifá.

Puede personificarse con Yayael, el hijo de Yaya en el panteón aruaco, porque viene a la Tierra a ayudar al hombre.

Su tipo de collar es sencillo, su número de marca es el ocho y sus colores son el verde y el amarillo.

Sus collares de fundamento son:

- cuentas verdes y amarillas alternas. Este collar solo lo puede imponer el Babalao y también tiene una manilla o ildé con iguales colores alternos en verde y amarillo uno a uno
- cuentas rojas y verdes alternas jugando también con el brazalete o ildé
- ocho cuentas rojas, ocho cuentas azul pálido, ocho blancas, ocho carmelitas y ocho amarillas, des-

pués ocho blancas y ocho rojas, y continúa en
esta forma hasta el final

- cuentas de perlas de vidrio amarillo opaco y verdes alternas.

También se le impone el collar de todos los colores
o bandera porque es el collar de la guerra y Orula es la
fuerza.

OSAÍN

Orisha mayor, recibe otros nombres como Osayín e
Irosun, en la Regla de Palo Monte le dicen Gurufinda
y se sincretiza en el santoral católico con San José y
San Benito.

Es el dueño del monte y de las yerbas, no tiene ni
padre ni madre, salió de la tierra como una planta. Por
esta razón se dice que es el dueño de la naturaleza y de
todas las plantas buenas y malas, a través de las cuales
desarrolla sus poderes mágicos. Tiene una sola mano,
una sola pierna y un solo ojo.

Puede ser similar a Yahubaba, cemí encargado de
recoger las yerbas en el monte. Algunos cemíes de un
solo ojo pueden tener relación con este orisha.

Su collar es sencillo, su número de marca es el cuatro y sus colores son muy variados.

El collar de fundamento se puede hacer de esta manera:

- cuentas de varios colores como el rojo, azul, verde, blanco, etcétera.

Se le adicionan a este collar monedas de plata, un kilo prieto (moneda americana), cuentas de nácar, marfil, ámbar y también cáscara de jicotea, espuelas de gallo, piel de tigre, granos de maíz tostado, colmillos de perro y otros elementos.

OSHOSI

Orisha mayor, se sincretiza con San Norberto, San Huberto y San Alberto, así como con Santiago Arcángel.

Es el hijo de Yemayá, rey de la caza y de la justicia. Es el mejor de los cazadores, por eso su símbolo siempre es el arco y la flecha. Se dice que sus flechas no fallan nunca. Patrón de los que tienen problemas con la justicia, mago, adivino y guerrero. Vive en el monte.

Sus collares son de dos hiladas, las cuales se unen con glorias que se colocan de tramo en tramo.

Su número de marca puede ser el dos, el tres y el siete, y sus colores son el verde y el azul.

A sus collares se les adiciona siempre un caracol, una cuenta de ámbar, o de coral (ponerle un colmillo de leopardo es la máxima expresión). También, en algunos casos, se le adicionan cadenas.

Las variantes de collares de fundamento son:

- dos hilos, con catorce cuentas azules en cada uno, se unen pasando por tres cuentas de miel, una de ámbar y tres de miel, se continúa salteándole caracoles y un coral

- matipós de color verde brillante en secuencia corrida
- perlas de color verde claro o violeta claro en secuencia corrida
- dos hilos de cuentas azul prusia y, de tramo en tramo, una cuenta de ámbar rematada con cuatro caracoles separados de dos en dos por una ámbar, se le alternan algunas cuentas de coral.

OSHUMARE

Este orisha se veneraba en el siglo XIX. Se sincretiza con el santo católico San Bartolomé. Es el orisha del Arcoiris, y por tener todos los colores se le relaciona con Oyá.

Simboliza la bendición del mundo y la humanidad. No se le conoce número de marca. Su collar es una secuencia de todos los colores sin orden.

OSHÚN

Orisha mayor, en la Regla de Palo Monte se le llama Chola Nagüengue. Se personifica con una espléndida mulata, que representa a la deidad femenina por excelencia y se sincretiza en la religión católica con la Patrona de Cuba, la Virgen de la Caridad del Cobre.

Es la mujer de Shangó y muy íntima de Elegguá, quien la protege. Es la bella entre las bellas, dueña del amor y símbolo de la coquetería, la gracia y la sexualidad femeninas.

Asiste a las parturientas y todo lo que tiene que ver con el proceso de nacimiento de un ser humano; le gusta pasearse por el monte cantando y jugando con los animales, estos la obedecen y aclaman. Amansa a las fieras y se dice que ni el alacrán la pica. Es muy buena, pero con una sonrisa puede matar a cualquiera, y en realidad se ríe cuando está brava.

Se le compara en la religión aruaca-taína con Atabeyra, diosa madre de las aguas, madre del Ser Supremo, divinidad femenina por excelencia que cuida del buen parto y, sobre todo, es dueña de la felicidad.

Su número de marca es el cinco y sus múltiplos, pero el ocho es su día y también su número.

Sus colores son el amarillo y el rojo. Siente predilección por el oro, así como por todo lo que sea dorado. Su collar es simple, y tiene representado un sinfín de variantes, con caminos diferentes.

Sus collares de fundamento son:

- hilada corrida de matipós amarillos brillantes
- perlas de vidrio amarillas o de ámbar con cuentas rojas alternas de cinco en cinco
- perlas de color amarillo en cinco o múltiplos de cinco, a las que se le intercala una cuenta roja cada cinco cuentas.

OSUN

Orisha mayor, es el vigilante de la cabeza de los creyentes. Se sincretiza en el santoral católico con el Bastón de San Francisco, con San Manuel, San Dimas y la Divina Providencia.

Fue el guardián de Obatalá y mensajero de Olofi. Es un orisha de irradiación y se recibe junto a los Guerreros. Representa, en fin, la vida misma.

Se relaciona en la cosmogonía aruaca con Maroya que simboliza la Luna por lo que irradia y vigila al mundo.

Su collar es sencillo y su número de marca es el ocho. Su color es el azul claro, el blanco, el amarillo y el rojo.

Sus collares de fundamento son:

- ocho cuentas azul claro, ocho amarillas, ocho blancas y ocho rojas
- cuentas de cuatro colores: blanco, azul, amarillo y rojo que señalan los caminos, estos están separados entre sí por dos cuentas de nácar que llevan en el medio un coral
- dieciséis cuentas blancas, ocho punzó, que se alternan hasta el final.

OYÁ

Orisha mayor, representa a la centella, así se le llama en la Regla de Palo Monte.

Se sincretiza con las santas católicas como la Virgen de la Candelaria, Virgen del Carmen y Santa Teresa de Jesús. También se le conoce con el nombre de Yaya y Oyá Yansá.

Es la diosa de los vientos y tempestades, guardiana de la parte delantera del cementerio. Acompañó a

Shangó en todas sus batallas y peleó junto a él aniquilando al enemigo con sus espadas y su centella. Fue amante de Shangó y se le considera su preferida. Es violenta e impetuosa, ama la guerra y personifica a los huracanes.

Se relaciona con el mito aruaco a partir del cemí Guabancex que representa a la señora de los vientos, simulando al huracán con sus brazos en forma de torbellino.

Su número de marca es el nueve y sus colores son muy variados. Su collar es uno muy sencillo, con varios collares de fundamento como son:

- nueve cuentas carmelitas con rayas negras y blancas, a continuación una roja o marrón y nueve carmelitas, alternándose
- nueve cuentas negras y nueve cuentas blancas alternas
- perlas de vidrio o canutillos de color siena claro y oscuro en secuencia corrida
- nueve cuentas blancas y nueve negras, hasta hacer nueve de cada grupo.

SHANGÓ

Orisha mayor, recibe también el nombre de Siete Rayos en la Regla de Palo Monte. Se sincretiza con la Santa Bárbara del culto católico, aunque se le considera como orisha macho.

Es el rey de la fertilidad y del fuego, jefe del trueno y de la guerra, así como también de los tambores. Hijo de los orishas Aggayú y Yemayá, pero fue criado por Obatalá, la cual le puso su collar blanco y punzó, y le dijo que sería el rey del mundo.

Es la representación de la belleza viril, patrón y abogado de los guerreros, al que se le encomiendan las tempestades porque las guía. Muy fiestero, auspicia el baile y la música. Son sus símbolos preferidos el hacha de metal y la piedra de rayo que no es otra cosa que el hacha petaloide taína.

En la religión aruaca tiene similitudes con el cemí o dios Bayamanaco, dueño del fuego y del secreto de la confección del casabe.

El tipo de collar que lleva es de una sola vuelta, o sea sencillo. Su número de marca es el cuatro o múltiplo de este, y su color es el rojo, símbolo del amor y la sangre, al que se le adiciona también el blanco para «refrescarlo».

Las variantes que hemos encontrado para su collar de fundamento o de base son las siguientes:

- una cuenta roja y una cuenta blanca alternas
- cuentas de perlas rojas y blancas alternas también una a una
- una cuenta blanca y otra roja, seis blancas y seis rojas, a lo que le sigue una blanca y una roja hasta llegar a doce y después seis blancas y seis rojas; comienza luego otra vuelta igual hasta llegar al tamaño deseado.

YEMAYÁ

Orisha mayor, madre de las aguas, posee otros nombres como son Yemanyá y Yemaja. Se sincretiza en el santoral católico con la Virgen de Regla. En la Regla de Palo Monte recibe el nombre de Baluanda.

Como es la dueña de las aguas, y esta es la fuente de la vida, de ella brotan los mares y los ríos y todo lo que alienta y vive sobre la Tierra. Recibe el nombre de Madre de la Vida. Habita preferentemente en la espuma de una ola, y para reverenciarla hay que cruzar el mar y arrojarle monedas en señal de gracia.

Tiene similitud con el cemí aruaco Guabonito, ya que este vive en el fondo del mar y tiene grandes poderes mágicos.

Su collar es sencillo, su número de marca es el siete y su color el azul en todas sus tonalidades y variantes. También el blanco juega con ella y sobre todo cuando se usa en las llamadas cuentas de espuma de jabón.

Sus collares de fundamento son:

- cuentas azules de agua, corridas
- perlas de vidrio blancas y azul claras o translúcidas, con alternancia de siete cuentas en siete
- cuentas de vidrio opaco transparente de color azul ultramarino que se alternan de siete en siete o sus múltiplos, ya sea catorce o veintiuno.

YEWA

Es un orisha mayor que recibe el nombre de Batalon-
qui en la Regla de Palo Monte y se sincretiza en la
religión católica con Nuestra Señora de los Desampa-
rados, con la Virgen de los Dolores, Santa Clara de
Asís, Santa Rosa de Lima y también con Nuestra Señora de Monserrate.

Es la bellísima hija de Oddúa, madre de Shangó y
seducida por él, por lo que fue castigada a estar en el
cementerio de donde le entrega a Oyá los cadáveres y
las tumbas.

Puede igualarse al cemí Itiba Cahubaba, madre
magna, la gran paridora que además cuida del cementerio.

Su collar es sencillo, su número de marca es el once
y a veces el cuatro. Su color es el rosado.

Los collares de fundamento que lleva son:

- matipós rosados en secuencia corrida
- cuatro cuentas rosadas y cuatro cuentas rojas, una
  cuenta de coral que debe ser legítimo y se le intercala un azabache.

ORISHAS, SANTOS Y CEMÍES

Orishas	Santos	Cemíes
Aggayú	San Cristóbal	Huión
Babalú Ayé	San Lázaro	Abeborael Guahayona
Dada	Ntra. Sra. del Rosario	
Elegguá	Niño de Atocha	Yucahú Magua Maarocoti
	Ánima Sola	
	San Antonio de Padua	
	San Juan Bautista	
Ibeyis	San Dimas	
	San Damián	
Inle	San Rafael Arcángel	Baibrama
	Ángel Custodio	
Iroko	Purísima Concepción	Ceiba
Naná Bukurú	Santa Ana	Guatuaba
Oba	Santa Rita de Casia	Guamanaco
	Santa Catalina de Siena	
	Santa Lucía	
	Virgen del Camino	

(cont.)

Orishas	Santos	Cemíes
Obatalá	**Virgen de las Mercedes**	**Marohú**
		Yayael
		Maquetaire Guayaba
Oddúa	Jesucristo	
	Santísimo Sacramento del Altar	
Oggan		
Oggún	San Pedro	
	San Pablo	
	San Juan Bautista	
	San Miguel Arcángel	
	San Rafael Arcángel	
	Santiago Apóstol	
Oke	San Isidro El Labrador	Boynayel
Oko		Deniman Caracaracol
Olokun	San Francisco de Asís	Yayael
Orula	San José de la Montaña	
	San Felipe	

Osaín	San José	Yahubaba
Oshosi	San Benito	
	San Norberto	
	San Huberto	
	San Alberto	
	Santiago Arcángel	
Oshumare	San Bartolomé	
Oshún	Virgen de la Caridad del Cobre	Atabeyra
Osun	Bastón de Francisco	Maroya
	San Manuel	
	San Dimas	
	Divina Providencia	
Oyá	Virgen de la Candelaria	Guabancex
	Virgen del Carmen	
	Santa Teresa de Jesús	
Shangó	Santa Bárbara	Bayamanaco
Yemayá	Virgen de Regla	Guabonito
Yewa	Ntra. Sra. de los Desamparados	Itiba Cahubaba
	Virgen de los Dolores	
	Santa Clara de Asís	
	Santa Rosa de Lima	
	Ntra. Sra. de Monserrate	

GLOSARIO

Babalao: el oficiante mayor en la Regla de Osha, se le llama también Padrino.

Caminos: es la secuencia del ensarte de cuentas, que debe estar de acuerdo con lo indicado por el Padrino.

Canutillos: cuentas muy pequeñas, de cristal, de menor talla que las normales.

Cauris: caracol muy especial que solamente existe en África.

Ceiba: árbol mítico cubano que, en la liturgia, sustituye al *baobab* africano.

Collar de fundamento: es el collar de base por cada santo a partir del cual se harán los caminos.

Collar de mazo: se realiza con varias hiladas de cuentas, unidas con cuentas grandes. Se usa solamente para oficiar.

Collar doble: collar de dos hileras de cuentas.

Collar simple: collar de una sola hilada.

Eleke: collar de santo sin pasar por la ceremonia, se le llama también collar judío.

Glorias: cuentas grandes que se insertan en los collares.

Ildé: manilla o pulsera con los colores del santo, la más usada es la de Orula.

Iñale: collar de santo consagrado.

Libreta de santería: documentación por la que se rigen los oficiantes.

Matipó: cuenta de collar sin brillo.

Mostacilla: cuenta muy pequeña de cristal.

Ñales: apócope de «iñales».

Omiero: ofrendas que se le ponen a los santos y a los collares.

Oriaté: es un Babalao con características especiales.

Padrino: es el Babalao.

Perlas: cuentas redondas.

Santería: nombre con que se conoce en Cuba a la Regla de Osha.

Súyeres: rezos especiales que se le hacen a los orishas.

BIBLIOGRAFÍA

AGUILERA PATHON, P. P.: *Religión y arte yorubá,* Col. Pinos Nuevos, Ed. Ciencias Sociales, La Habana, 1994.

ALCINA FRANCH, J.: *Arte y antropología,* Col. Forma, no. 28, Alianza Editorial, Madrid, 1982.

ALEXANDRENKOV, E.: «Aspectos étnicos en la formación de la nación cubana», *Historia de Cuba,* t. 1, América Latina, Estudios de Científicos Soviéticos, Moscú, 1978.

ANGARICA, N.: «El lucumí al alcance de todos», *Estudios afrocubanos,* t. 4, Facultad de Artes y Letras, Universidad de La Habana, La Habana, 1990.

ARANGO, P.: «Manual de santería», *Estudios afrocubanos,* t. 4, Facultad de Artes y Letras, Universidad de La Habana, La Habana, 1990.

ARROM, J. J.: *Mitología y artes prehispánicas de las Antillas,* Ed. Siglo XXI, México, 1989.

BOLÍVAR, N.: *Los orishas en Cuba,* Edic. Unión, La Habana, 1990.

BOYTEL JAMBÚ, F.: «Restauración de un cafetal de los colonos franceses en la Sierra Maestra», revista *JNAE,* Imprenta Siglo XX, La Habana, 1952.

BRIAN, R.: *The Decorated Body,* Harper & Row Publishers, New York, 1979.

CABRERA, L.: *El monte,* Ed. Letras Cubanas, La Habana, 1989.

CAMPOS MITJANS, G.: «Alfarería popular y arte contemporáneo en Cuba», *Folklore Americano,* Instituto Panamericano de Geografía e Historia, no. 50, jul.-dic., pp. 181-195, México, 1990.

CASANOWICZ, I.: *The Collections of Rosaries in the United States,* National Museum Proceedings, Washington DC, 1959.

DEAGAN, K.: *Artifacts of the Spanish Colonies of Florida and the Caribbean 1500-1800,* Smithsonian Institution Press, Washington DC, 1987.

DÍAZ FABELO, T.: *Olurum, Oloru,* Edic. del Dpto. de Folklore, Teatro Nacional de Cuba, La Habana, 1960.

— — — — —: *Lengua de santeros (Guiné Gongorí),* La Habana, 1956.

DOMÍNGUEZ, L.: «Los collares de santo», *El Nuevo Día. Revista Domingo,* San Juan, Puerto Rico, pp. 8-13, 24 de agosto de 1997.

— — — — —: «Las fuentes arqueológicas en el estudio de la esclavitud en Cuba», *Revista Cubana de Ciencias Sociales,* no. 10, pp. 40-51, La Habana, 1986.

DOMÍNGUEZ, L. *et al: Las comunidades aborígenes de Cuba, La Colonia,* Ed. Política, La Habana, 1994.

— — — — —: *Reporte de la primera excavación arqueológica conjunta ruso-cubana en Siberia Occidental,* Carta Informativa, no. 60, segunda época, La Habana, 1980.

FARIÑAS, D.: *Religión en Las Antillas: paralelismo y transculturación,* Ed. Academia, La Habana, 1995.

GOGGIN, N.: *Spanish Majolica in the New World: Type of the 16th to 17th Century,* no. 62, Yale University, 1968.

GUANCHE, J.: *Procesos etnoculturales de Cuba,* Ed. Letras Cubanas, La Habana, 1983.

—————: *Componentes étnicos de la nación cubana,* Col. Fuente Viva, Edic. Unión, La Habana, 1996.

GUARCH, J. M. y A. QUEREJETA: *Mitología aborigen de Cuba: deidades y personajes,* Publicigraf, La Habana, 1992.

—————: *Los cemíes olvidados,* Publicigraf, La Habana, 1993.

LACHATAÑERÉ, R.: «Tipos étnicos africanos que concurrieron en la amalgama cubana», *Actas del Folklore,* año 1, no. 3, pp. 5-12, Centro de Estudios del Folklore, Teatro Nacional de Cuba, La Habana, 1961.

LEÓN, A.: *Introducción al estudio del arte africano,* Ed. Arte y Literatura, La Habana, 1980.

LEÓN, A. y J. GUANCHE: «Integración y desintegración de los cultos sincréticos de origen africano en Cuba», *Revolución y Cultura,* no. 80, pp. 14-19, La Habana, 1979.

LÓPEZ VALDÉS, R. L.: *Componentes africanos en el etnos cubano,* Ed. Ciencias Sociales, La Habana, 1985.

MARTÍNEZ FURÉ, R.: «Los collares», *Actas del Folklore,* año 1, no. 3, pp. 23-24, Centro de Estudios del Folklore, Teatro Nacional de Cuba, La Habana, 1961.

—————: *Diálogos imaginarios,* Ed. Arte y Literatura, La Habana, 1979.

Martínez Montiel, L. M.: *Seminario de etnología comparada, África.* CIS- INAH, México, 1974.

Matillo Vila, J.: *Collares precolombinos de Nicaragua,* Museo Nacional de Nicaragua. Serie Arqueológica, no. 1, Managua, 1978.

Moreno Fraginals, M.: *El Ingenio. Complejo económico social cubano del azúcar,* Ed. Ciencias Sociales, La Habana, 1978.

Ortiz, F.: *Contrapunteo del tabaco y el azúcar,* Univ. de Las Villas, Santa Clara, 1963.

— — — — —: *Los negros esclavos,* Ed. Ciencias Sociales, La Habana, 1975.

Pané, F. R.: *Relación acerca de las antigüedades de los indios,* Ed. Siglo XXI, México, 1977.

Pérez, A.: *Asimilación de una pieza aborigen en los cultos sincréticos afrocubanos,* Museo Histórico Municipal de Sagua La Grande, Las Villas, 1979.

Pollak-Eltz, A.: *Vestigios africanos en la cultura venezolana,* Puerto Rico, 1969.

Ramos, M. Willie: *Ase omo Osayin. Ewe Aye,* Puerto Rico, 1982.

Rivero de la Calle, M.: «La mutilación dentaria en la población negroide de Cuba», *Revista Dominicana de Antropología e Historia,* año 4, vol. IV, ene.-dic., nros. 7-8, pp. 60-80, Santo Domingo, 1974.

Rives, A.: «Algunos elementos de las sociedades africanas en las religiones afrocubanas», *Revista de la Biblioteca Nacional José Martí,* año 73, nros. 1-2, enero-agosto, pp. 201-216, La Habana, 1982.

Robiou Lamarche, S.: *Encuentro con la mitología taína,* Ed. Punto y Coma, San Juan, Puerto Rico, 1996.

RODRÍGUEZ CULLEL, C.: *Cemíes de Cuba,* Primer Simposium Mundial de Arte Rupestre, La Habana, 1986.

ROSA, G. DE LA: «Elementos para la reconstrucción histórica de los palenques», *Bohemia,* La Habana, año 76, 11 de agosto de 1984.

————: «Notas sobre las marcas de esclavos en Cuba», *El Managuí,* abril-junio, Baracoa, 1988.

————: *Los cimarrones de Cuba,* Ed. Ciencias Sociales, La Habana, 1988.

SÁNCHEZ, J.: *La religión de los orishas, creencias y ceremonias de un culto afrocaribeño,* Puerto Rico, 1976.

SMITH, M. T.: *Early Sixtheenth Century Glass Beads in the Spanish Colonial Trade,* Cottonlandia, Museum Publications, Mississippi, 1982.

SOUZA, A.: *Orishas, mitos y leyendas,* Ed. Centauro, Caracas, 1996.

————: *Echú-Elegguá. Equilibrio dinámico de la existencia* (Religión yorubá), Edic. Unión, La Habana, 1998.

STEVENS-ARROYO, A.: *The Cave of Jagua. The Mythological World of the Taino,* Univ. of Nuevo México Press, Alburquerque, 1988.

TRO PÉREZ, R.: «La maraca en los aborígenes de América», *Revista de la Biblioteca Nacional José Martí,* año 69, vol. XX, no. 1, ene-abril, pp. 153-161, La Habana, 1978.

VALLES, C.: *Signos en la piel. La pintura corporal en la cultura panare,* Edic. Biblioteca Nacional de Venezuela, Caracas, 1992.

WATERS, D.: *Beads and Pendants from Trant Monserrat,* Annals of Carnegie Museum, vol. LXIII, no. 3, pp. 215-237, Pittsburgh, 1994.

ZALDÍVAR, M. DEL P.: *Ídolo del tabaco,* Museo Montané, La Habana, 1996 (folleto).

ZAYAS, A.: *Lexicología antillana,* La Habana, Imprenta Siglo XX, 1914.

OTRAS FUENTES

ARGÜELLES, E.: «Los collares de santo, uso de colores», Escuela de Arte, Universidad de La Habana, La Habana (inédito).

DOMÍNGUEZ, L.: «Algunas consideraciones sobre las excavaciones arqueológicas realizadas en el sitio colonial Taoro», La Habana (inédito).

FRÍAS, E. y D. LAY: «Compendio de deidades y personajes de la mitología aborigen con un análisis de los variados nombres con que son reconocidos por los autores», IV Taller Internacional Antropología '98, La Habana, 1998 (inédito).

ÍNDICE